CONDITIONS DE LA VENTE

Elle sera faite *expressément* au comptant.

Les acquéreurs payeront en sus des adjudications *cinq pour cent*, applicables aux frais de la vente.

L'exposition mettant le public à même de se rendre compte de l'état et de la nature des objets, il ne sera admis aucune réclamation une fois l'adjudication prononcée.

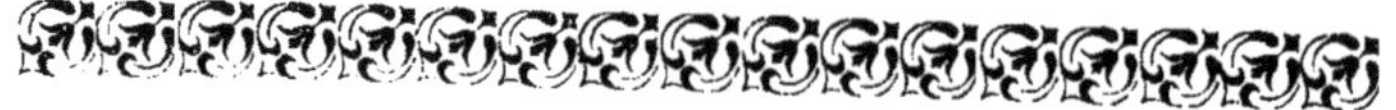

DÉSIGNATION

TABLEAUX, AQUARELLES
PASTELS, GRAVURES

1 — DROUAIS. *Portrait : M. de Beaujon.*

1 *bis* — TOULOT JULES. *Mélodie.* H. 2 m. ; 1. 2 m.

2 — SEEBACH. *Fleurs.* H. 0^m75 ; 1. 0^m60.

3 — JHUND. *Sous bois.* H. 0^m50 ; 1. 0^m65.

4 — TANGUY. *Marine.* H. 0^m60 ; 1. 0^m85.

5 — TÉNIERS (copie de) *Joueurs.* H. 0^m30 ; 1. 0^m40.

6 — *Verveines en bourriche.* H. 0^m75 ; 1. 0^m85.

VENTE

Des Jeudi 21 et Vendredi 22 Avril 1898

HOTEL DROUOT, SALLE N° 5

À 2 heures de relevée

IMPORTANT

MOBILIER ARTISTIQUE

de Style Louis XV

Salons, Salle à manger, Chambre à coucher

CABINET DE TOILETTE

en bois doré, noyer et sycomore

BRONZES

DE BARBEDIENNE, BARYE, FRÉMIET, FRANCESCHI

TABLEAUX

DROUAIS, TOULOT, LORIN, SEEBACH

TAPIS

Smyrne, Daghestan, Perse

BEAUX BIJOUX & ARGENTERIE

PIANO PLEYEL

VIEUX COGNAC

Mᵉ H. JOUAULT	**M. F. JACOMET**
Commissaire-Priseur	*Expert*
14, Rue Drouot, 14	11, Rue de Provence, 11

EXPOSITION PUBLIQUE

Le Mercredi 20 Avril 1898

DE 2 HEURES A 6 HEURES

EXEMPLAIRE DE M. STETTINER

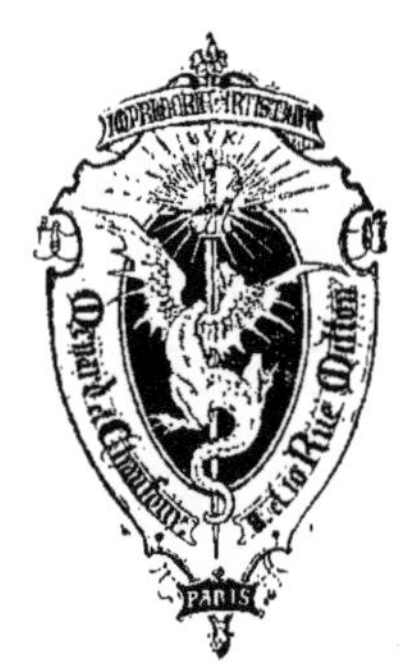

IMPRIMERIE ARTISTIQUE
PARIS

7 — *Pensées en bourriche.* H. 0m75; l. 0m85.

8 — ÉCOLE ITALIENNE, tableau. H. 0m45; l. 0m40.

9 — J. DELAUNAY. *Tête de femme.* H. 0m70; l. 0m60.

10 — Pastel. *Enfant.*

11 — Deux peintures sur porcelaine. H. 0m50; l. 0m45.

12 — Huit plaques porcelaine peinte.

13 — TANGUY (attribué à). *Fleurs.* H. 0m50; l. 0m35.

14 — FORTUNY (d'après). Gravure. *Le choix du modèle.* H. 0m55; l. 0m65.

15 — FRAGONARD (d'après). Gravure. *Les hasards heureux de l'Escarpolette.* H. 0m85; l. 0m60.

16 — Gravure. *Hemicycle du Palais des Beaux-Arts.* L. 2m90; H. 0m75.

17 — Gravure. *L'amour menaçant.* H. 0m60 ;
l. 0m50.

18 — Gravure. *Le repos en Egypte.* H. 0m65 ;
l. 1 m.

19 — Quatre gravures. *Soir, Nuit, Matin, Après-
midi.* H. 0m45 ; l. 0m37.

20 — Deux gravures d'après FRAGONARD. *Le
verre d'eau, le pot au lait.* H. 0m30 ; l. 0m35.

21 — Gravure. *La chute dangereuse.* H. 0m40 ;
l. 0m48.

22 — LORIN. Quatre panneaux. *Un accident.*
H. 1m35 ; l. 0m45.

23 — GREUZE (attribué à). Sanguine.

24 — Une grisaille ovale. *Newton.*

25 — Deux petits tableaux fixés.

26 — Deux lithographies. *Courses nautiques.*
H. 0m65 ; l. 0m95.

27 — Deux gravures. *Repas des moissonneurs* et
La noce au village. Gravé par JANINET en 1774,
d'après ALEXANDRE WILLE.

28 — Trois miniatures.

BIJOUX

29 — Une broche ornement brillants jonquille,
au centre.

30 — Une bague perle entourage brillants.

31 — Une bague perle deux brillants.

32 — Un sautoir seize perles et or.

33 — Une bague en brillant entourage brillants.

34 — Un bracelet un rubis deux brillants.

35 — Un bracelet jumelle brillants.

36 — Une paire brillants solitaires.

37 — Une montre et broche enrichis brillants.

38 — Deux épingles cravate perle.

39 — Deux épingles chapeau perles et brillants.

40 — Une broche fleur enrichie brillants.

41 — Une épingle chapeau perle grise.

42 — Un flacon fermoir perle.

43 — Un flacon fermoir rubis et brillants.

44 — Une broche feuillage brillants et roses.

45 — Trois épingles nourrice perles, rose, rubis.

46 — Une épingle cravate perle.

47 — Six épingles perles,

48 — Trois bagues émail et roses.

49 — Un collier de chien, cinq rangs perles trois
barrettes brillants, trois barrettes rubis.

50 — Une broche flèche perle et rose.

51 — Deux épingles cravate perle.

ARGENTERIE ET MÉTAL

52 — Manche d'ombrelle argent.

53 — Saladier cristal, monture argent.

54 — Vide-poche corne, monture argent.

55 — Deux jardinières cristaux bleu, monture argent.

56 — Une boîte à poudre de riz argent et son plateau argent.

57 — Un collier argent.

58 — Deux salières argent.

59 — Un étui à cigarettes argent.

60 — Une canne pomme argent.

61 — Une corbeille argent.

62 — Une petite jardinière argent.

63 — Une boîte à bijoux argent.

64 — Une glace à mains argent.

65 — Un sucrier argent.

66 — Un petit panier argent.

67 — Trois légumiers métal double-fond.

68 — Une boîte à poudre de riz argent.

69 — Un flacon à odeur argent.

70 — Une petite glace argent.

71 — Douze couteaux de table. Style Louis XVI, manches argent.

72 — Douze couteaux à dessert. Style Louis XVI, manche argent.

73 — Un service à trancher. Style Louis XVI, manche argent.

74 — Un service à salade manche ivoire, manche argent.

75 — Un service à poisson, lame damasquinée, manche argent.

76 — Six couteaux de table, six couteaux à dessert, manches argent.

77 — Un service à salade, manche argent.

78 — Une pelle à asperges, manche argent.

79 — Un service à poisson, manche argent.

80 — Un service à trancher, manche argent.

81 — Un service pâtisserie, manche argent.

82 — Un service à compote, manche argent.

83 — Une cuiller à bouillie, manche argent.

84 — Une pelle à tartes, manche argent.

85 — Un couteau à fromage, manche argent.

86 — Une pelle à asperges, manche argent.

BRONZES

87 — Un cartel Louis XIV ancien, marqueterie de Boule.

88 — Un cartel Louis XV, marqueterie cuivre, ornements bronze avec son socle, cadran signé THURET.

89 - Un lustre rocaille Louis XV, bronze doré de chez MILET.

90 — Deux appliques Louis XV, bronze doré, de chez MILET.

91 — Deux bouts de table Louis XV, bronze doré, de chez MILET.

92 — Deux chenêts Louis XIII, ancien cuivre.

93 — Une jardinière Louis XV, bronze doré.

94 — Un petit cartel Louis XV, bronze doré.

95 — Un petit baromètre Louis XV, bronze doré.

96 — Une lampe à huile bronze, de chez MILET.

97 — BARBEDIENNE. *l'Indien et l'Indienne*, lampadaires. H. 0m63.

98 — BARBEDIENNE. Collection BARYE. *Hercule terrassant le Centaure*. Socle marbre rouge. H. avec socle 0m85.

99 — BARBEDIENNE. *Un Lièvre*, de BARYE.

100 — BARBEDIENNE. Un cachet bronze, de FREMIET.

101 — Un petit chat en bronze.

102 — FRANCESCHI (d'après). Un bronze, socle marbre rouge. H. 0m55.

103 — Un bronze : *L'Enchanteur*. H. 0m33.

103 *bis* — Garniture de cheminée, bronze.

104 — Un bronze, sujet sur socle marbre noir.
H. 0ᵐ22.

105 — Un cachet bronze artistique.

106 — Deux flambeaux église, bronze argenté.
H. 0ᵐ46.

107 — Une pendule bronze et cuivre avec deux
vases.

108 — Deux chiens composition.

109 — Un porte-aiguille, coupe et socle en onyx.

110 — Une lampe de parquet. H. 1ᵐ50.

111 — Une pendule Empire, marbre noir et bronze.

112 — Une pendule de voyage.

113 — Une potiche japonaise.

114 — Un petit lustre bronze.

115 — Lustre lampe juive 6 lumières. H. 1ᵐ50.

115 *bis*. — Garniture de cheminée bronze.

116 — Une suspension salle à manger bronze,

117 — Deux sujets femme composition.

118 — Deux petits bougeoirs bronze et onyx.

119 — Un presse-papier mica. Sujet composition.

MARBRES, TERRES CUITES

120 — Rougelet. Une terre cuite : *La Curieuse.*

121 — Un marbre : *Tête d'enfant.* H. 0^{m}50.

122 — Un buste marbre.

123 — Un socle marbre blanc et bronze empire.

124 — Une gaine marbre blanc. H. 0^{m}10.

125 — Une gaine marbre blanc. H. 0^{m}27.

126 — Statuette. *La Plongeuse* en albâtre, bras cassé avec socle marbre. H. 0^{m}75.

BIBELOTS, OBJETS DE VITRINE
FAIENCES, PORCELAINES

127 — Un petit pot à fleurs porcelaine Marseille.

128 — Deux petits vases à fleurs. Saxe moderne.

129 — Deux vases Chine.

130 — Un vase craquelé.

131 — Un vase flambé porcelaine Vallauris.

132 — Deux petits pots à fleurs. Saxe moderne.

133 — Une série de quatre saladiers porcelaine décorée.

134 — Douze assiettes. Saxe moderne.

135 — Six coquetiers porcelaine décorée.

136 — Deux boîtes à bijoux. Saxe moderne.

137 — Quatre vases Delft modernes.

138 — Une série de trois gourdes porcelaine décorée.

139 — Deux pots à bière en grès.

140 — Deux bocks en grès montés en lampes.

141 — Deux sujets japonais porcelaine.

142 — Quatre petits pots fleurs porcelaine du Japon.

143 — Une jardinière porcelaine décorée.

144 — Une coupe onyx.

145 — Une coupe supportée par trois enfants, en bronze doré.

146 — Deux compotiers ronds en Sèvres pâte tendre, décor fleurs camaïeu bleu.

147 — Deux compotiers carrés Sèvres pâte tendre, décor fleurs camaïeu bleu.

147 *bis* — Groupe en biscuit de Sèvres.

148 — Un grand compotier ovale Sèvres, pâte
tendre, décor fleurs camaïeu bleu.

149 — Un grand chien Saxe ancien.

150 — Une tasse et sa soucoupe Saxe lettre **Z**.

151 — Une garniture de toilette en écaille chiffre
or M. C. (brosses à habits, à cheveux, à poudre,
à ongles, boite à poudre, boite à bonbons,) etc.

152 — Deux potiches en terre japonaise.

153 — Une coupe porcelaine du Japon.

154 — Un chat vernissé.

155 — Deux carafes hollandaises en cristal.

156 — Une palette peinte.

157 — Six boutons de robe miniature.

158 — Deux couteaux anciens.

59 — Un poignard.

160 — Boîte ivoire et jetons nacre gravure chinoise.

161 — Jumelle théâtre.

EVENTAILS

162 — Éventail écaille blonde plumes noires chiffre or J. L.

163 — Éventail écaille plumes peintes.

164 — Éventail écaille plumes rouges.

165 — Éventail écaille plumes noires.

166 — Éventail écaille et plumes chiffre or enrichi de diamants M. V.

167 — Cinq éventails anciens, monture ivoire Louis XV peinture.

MEUBLES ANCIENS
OU ARTISTIQUES

168 — Un canapé, deux fauteuils Louis XIV, bois doré couverts en tapisserie Aubusson à personnages.

169 — Un coffret carré cuir applications cuivre. H. 0m20; L. 0m35.

170 — Un coffret fer Louis XIII. H. 14; L. 30.

171 — Une glace cadre bois découpé. H. 1m20; L. 0m70.

172 — Un Boudha bois doré. H. 0m80.

173 — Une commode Louis XV ventrue, ornements bronze, dessus marbre.

174 — Une commode, époque Louis XVI, acajou et bronze doré.

175 — Une commode laque et bronze Louis XV.

176 — Une servante, acajou et bronze empire, marbre noir.

177 — Un fauteuil canné Louis XIV.

178 — Une glace plaquée. Époque Louis XVI.

179 — Un cabinet indien ébène.

180 — Guéridon Louis XVI, dessus marbre, appliques cuivre.

181 — Une commode rognon, deux tiroirs avec cuivre, galerie et dessus de marbre.

182 — Un paravent bois doré Louis XVI avec gravures.

MEUBLES MODERNES

183 — Salon Louis XV, noyer sculpté recouvert en velours de Gênes (un canapé, quatre fauteuils, six chaises, un tabouret de piano).

184 — Une console Louis XV, noyer ciré sculpté
avec filets or.

185 — Un bureau de dame formant bibliothèque,
noyé ciré filet or Louis XV.

186 — Une table de salon Louis XV, noyer ciré
filet or.

187 — Une table carrée ébène, incrustations nacre
dessus marbre.

188 — Une table ronde, bois de fer, dessus de
marbre.

189 — Un fauteuil Louis XVI, les motifs rehaussés
d'or, encadrement de passementerie.

190 — Un fauteuil bois doré Louis XIV, couvert
avec brocart d'or fond crème.

191 — Une table acajou et bronze.

CHAMBRE A COUCHER

192 — Un lit Louis XV, noyer ciré. Armoire à glace, table de nuit.

193 — Un chiffonnier Louis XV, sculpté en noyer frisé.

194 — Une table à ouvrage Louis XV palissandre ciré.

195 — Trois chaises Louis XV noyer ciré frisé sculpté recouvertes soie vert-olive.

196 — Une petite table à ouvrage Louis XV noyer sculpté.

197 — Un fauteuil en velours vert-olive.

198 — Une commode Louis XV marqueterie.

SALLE A MANGER

199 — Un buffet, une table, six chaises cannées en noyer sculpté, ciré, frisé Louis XV.

200 — Un dressoir Louis XV noyer sculpté ciré, frisé.

201 — Une glace biseautée cadre Louis XV noyer.

202 — Un buffet vitrine Louis XV noyer sculpté, ciré, frisé.

CABINET DE TOILETTE

203 — Une toilette avec réservoir glace bisautée en sycomore verni.

204 — Une armoire à linge avec glace deux portes sycomore verni.

205 — Deux chaises et une petite table à deux tiroirs en sycomore.

206 — Une armoire en acajou et marqueterie avec cuivre.

207 — Une toilette sèche avec étagère et glace.

208 — Un lavabo avec glace et carreau de faïence.

209 — Un porte-serviette.

210 — Deux chaises fond paille.

ANTICHAMBRE

211 — Un porte-manteau noyer avec glace. Style Henri II.

212 — Un petit chiffonnier marqueterie garniture bronze.

213 — Un porte-parapluie et son socle.

TENTURES
SALON

214 — Tenture salon quatre fenêtres velours de Gènes mordoré, galeries Louis XV noyer sculpté ciré, frisé, filets or.

215 — Un dessus de piano soie crème fleurs Louis XV.

CHAMBRE A COUCHER

216 — Ciel de lit, deux portières velours de Gènes vert olive.

217 — Dessus de cheminée, recouvert étoffe soie olive.

SALLE A MANGER

218 — Deux fenètres et une portière velours bleu.

210 — Tapis de table de salle à manger velours bleu.

220 — Quatre petits coussins soie de Chine bleu marine.

CABINET DE TOILETTE

221 — Une paire rideaux. Une portière (toile appliques soie.)

222 — Une paire rideaux satin pourpre.

ANTICHAMBRE

223 — Cinq paires rideaux et portières en peluche de lin.

TAPIS

224 — Tapis Daghestan. L. 3^{m}15 ; L. 4^{m}15.

225 — Tapis de prières. L. 1^{m}40 ; L. 1^{m}80.

226 — Tapis de Smyrne. L. 2 m. ; L. 3^{m}10.

227 — Descente de lit. L. 1 m. ; L. 1^{m}40.

228 — Foyer Daghestan. L. 1^{m}65 ; L. 1^{m}05.

229 — Tapis de table broderie turque. L. 1^{m}35 ; L. 1^{m}30.

230 — Tapis de table brodé de Chamaki. L. 1^m85 ;
L. 2^m50.

231 — Foyer Carabas. L. 1^m15 ; L. 2^m05.

232 — Carpette de Chiraz. L. 1^m65 ; L. 2^m50.

233 — Tapis de prière. L. 1^m75 ; L. 1^m25.

234 — Foyer Daghestan. L. 1^m05 ; L. 1^m65.

235 — Quatre tapis de Perse.

236 — Une peau ours blanc.

237 — Une peau de loup.

238 — Un tapis de Khiva. L. 2^m50 ; L. 1^m80.

239 — Un dos de chameau, tapisserie du Caucase.

INSTRUMENTS DE MUSIQUE

240 — Un piano de Pleyel, palissandre verni
  nº 85,654.

241 — Une guitare incrustation nacre.

LIQUEURS

242 — Cinquante bouteilles cognac, 25 ans de fût.

243 — Objets omis.

9 782329 527000